NT INT

MINECRAFT

MINECRAFT TNT

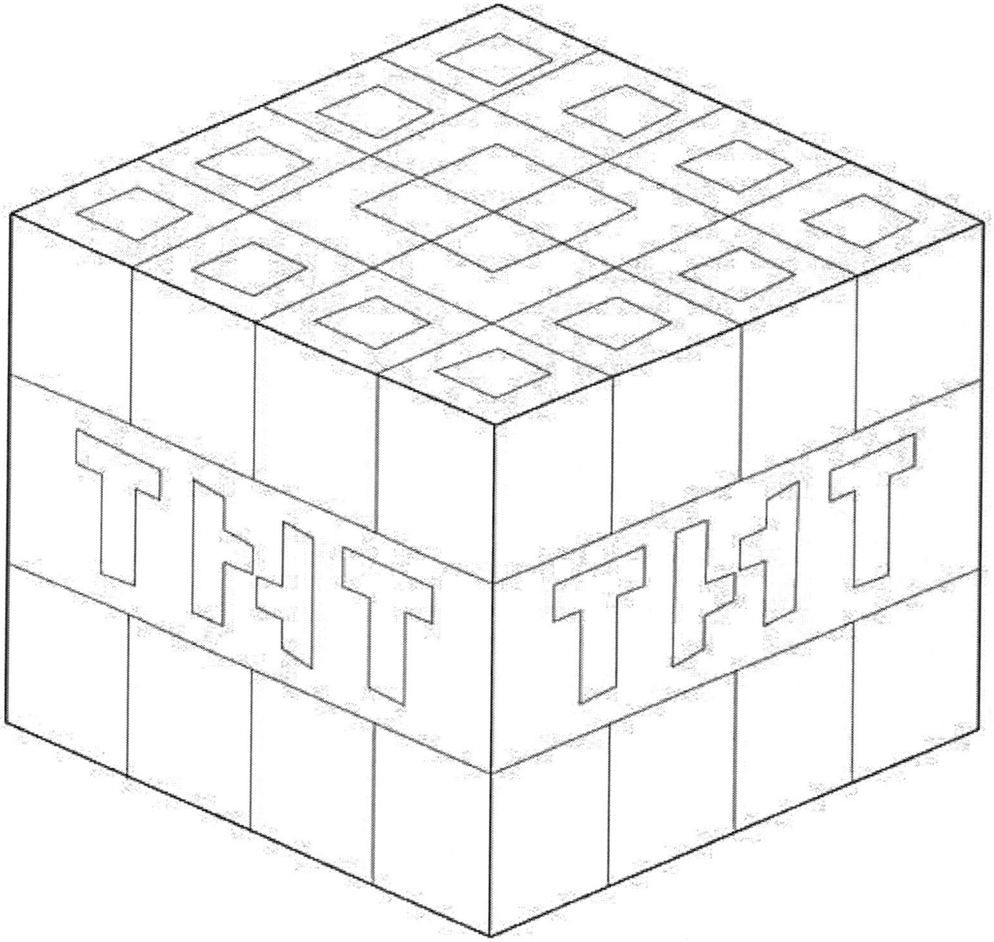

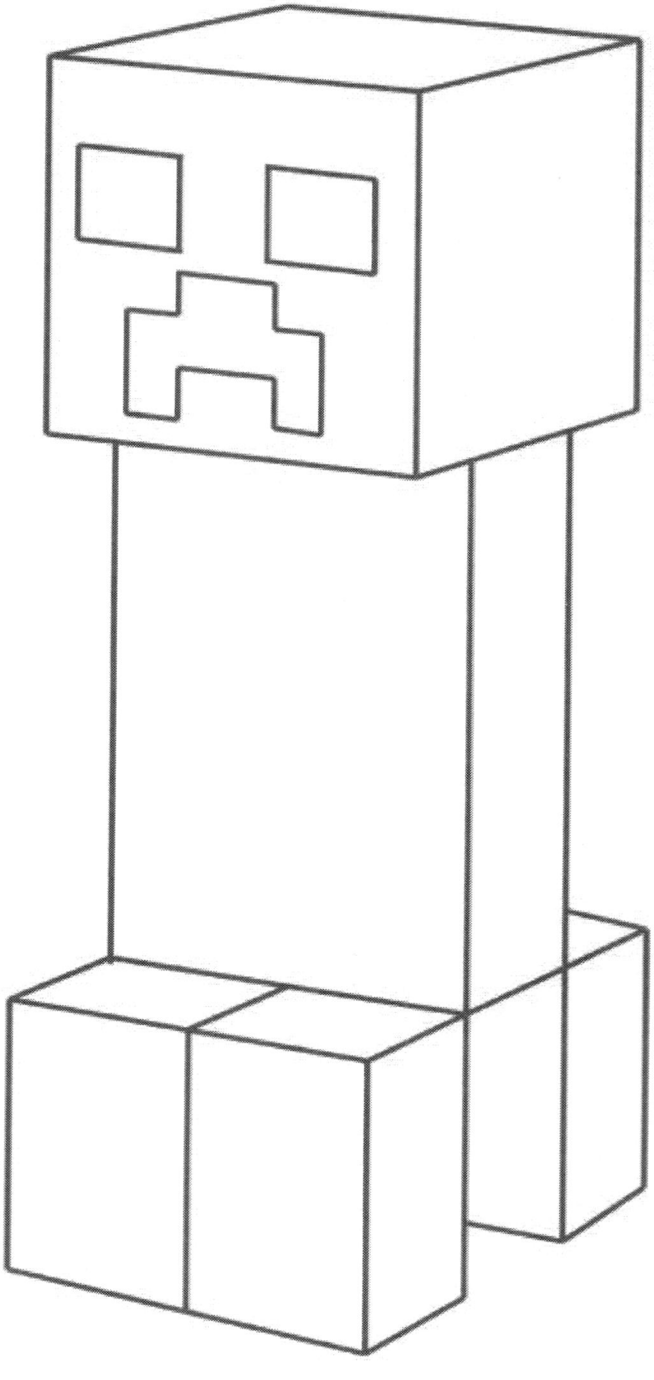

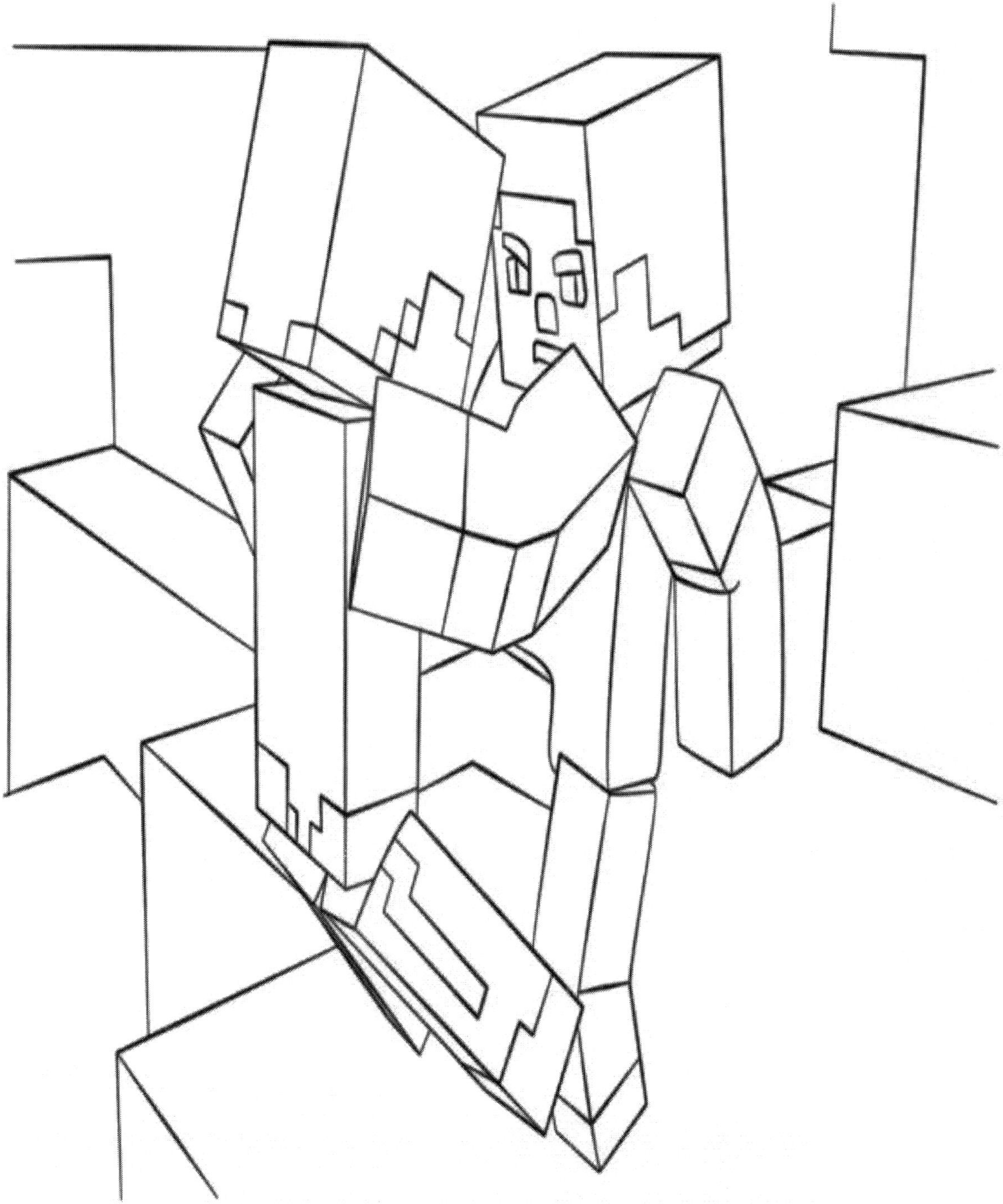

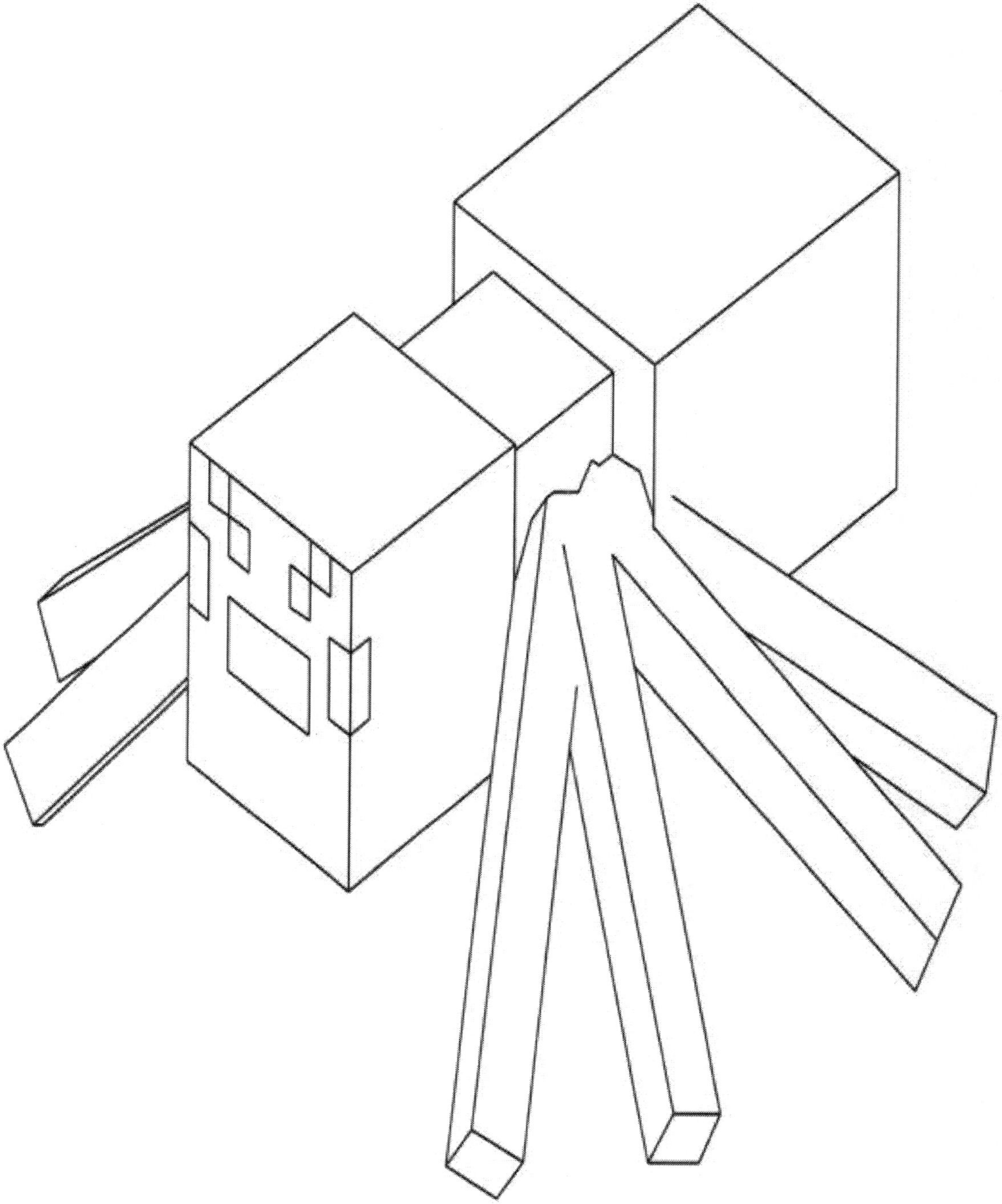

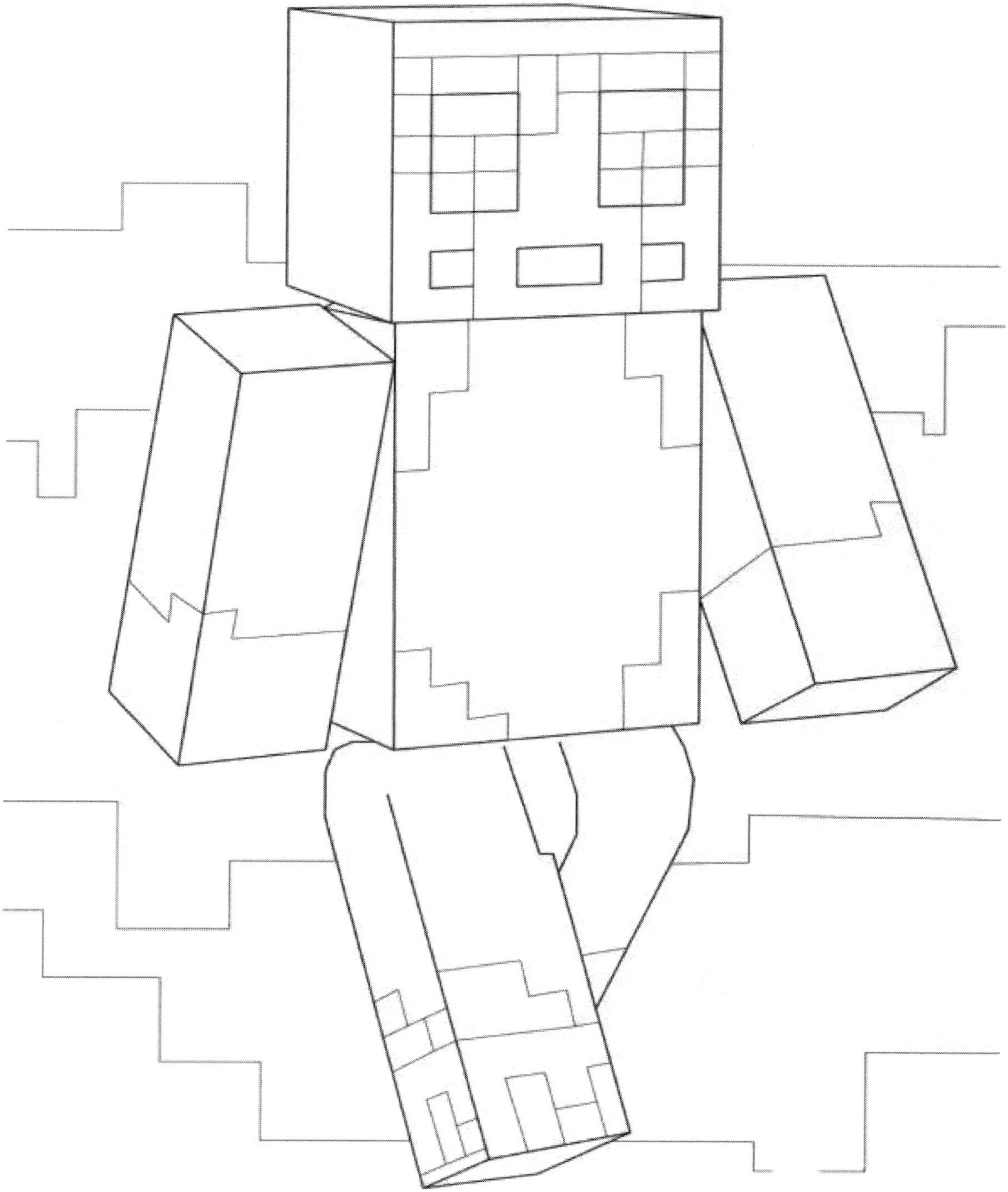

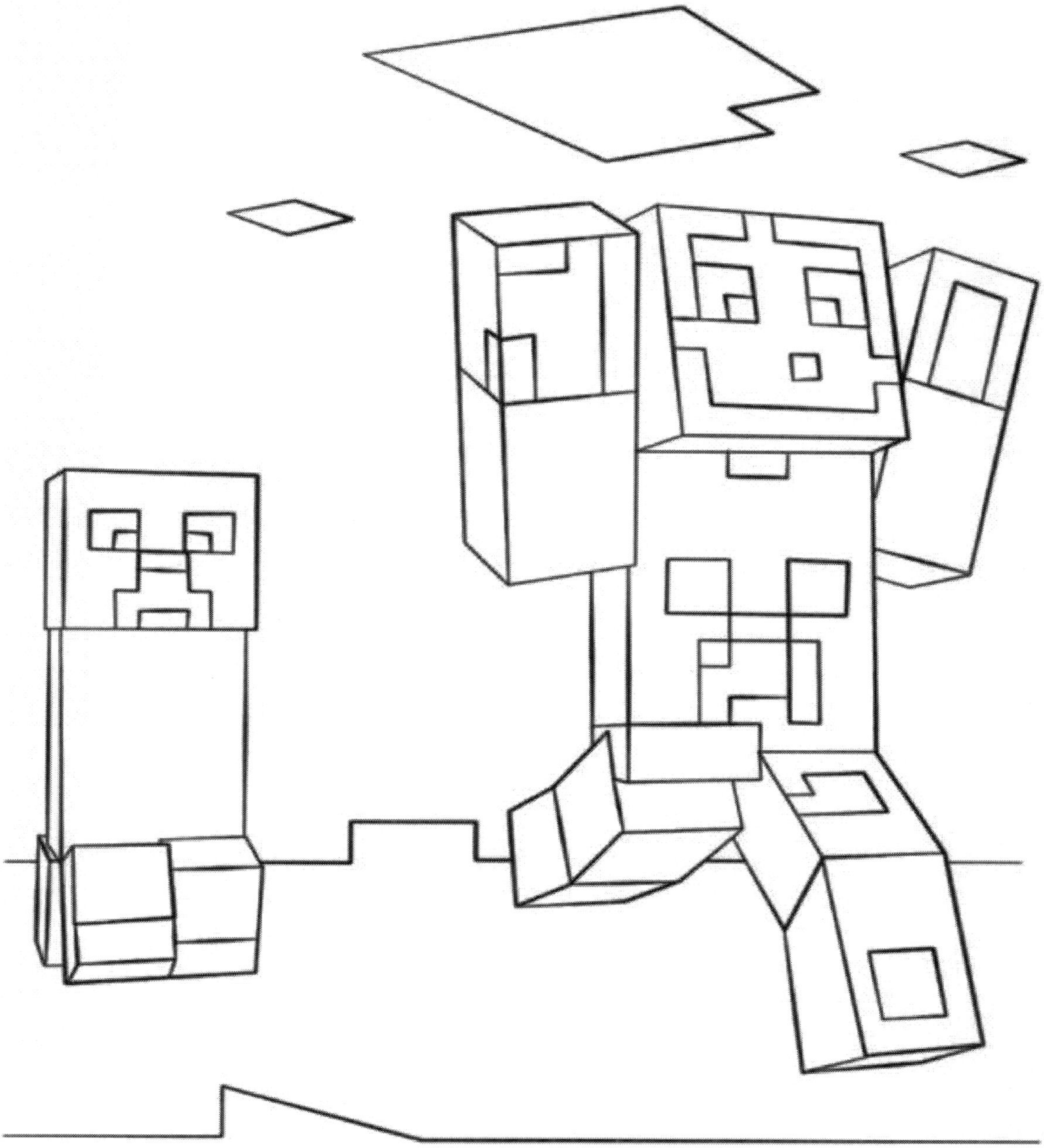

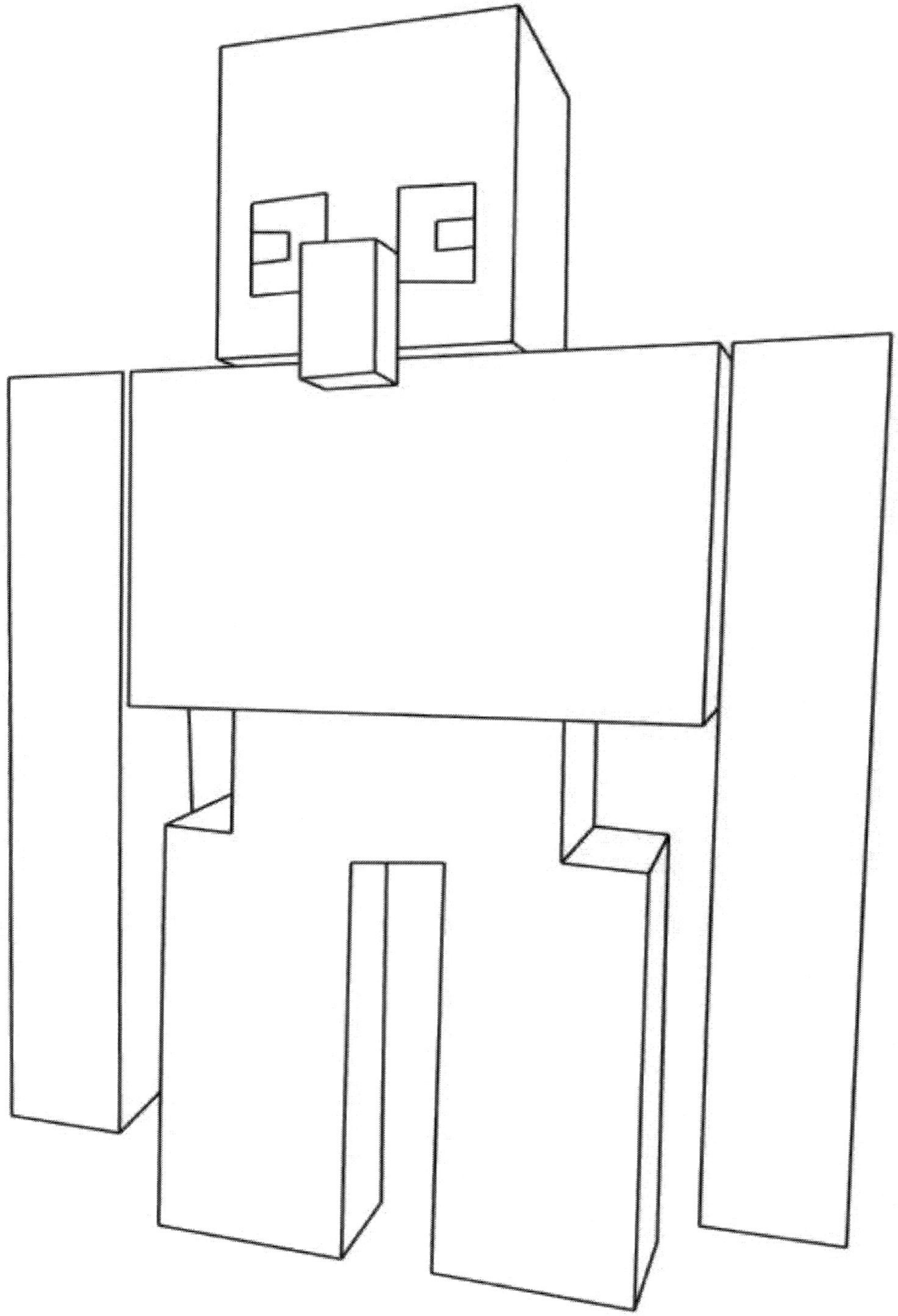

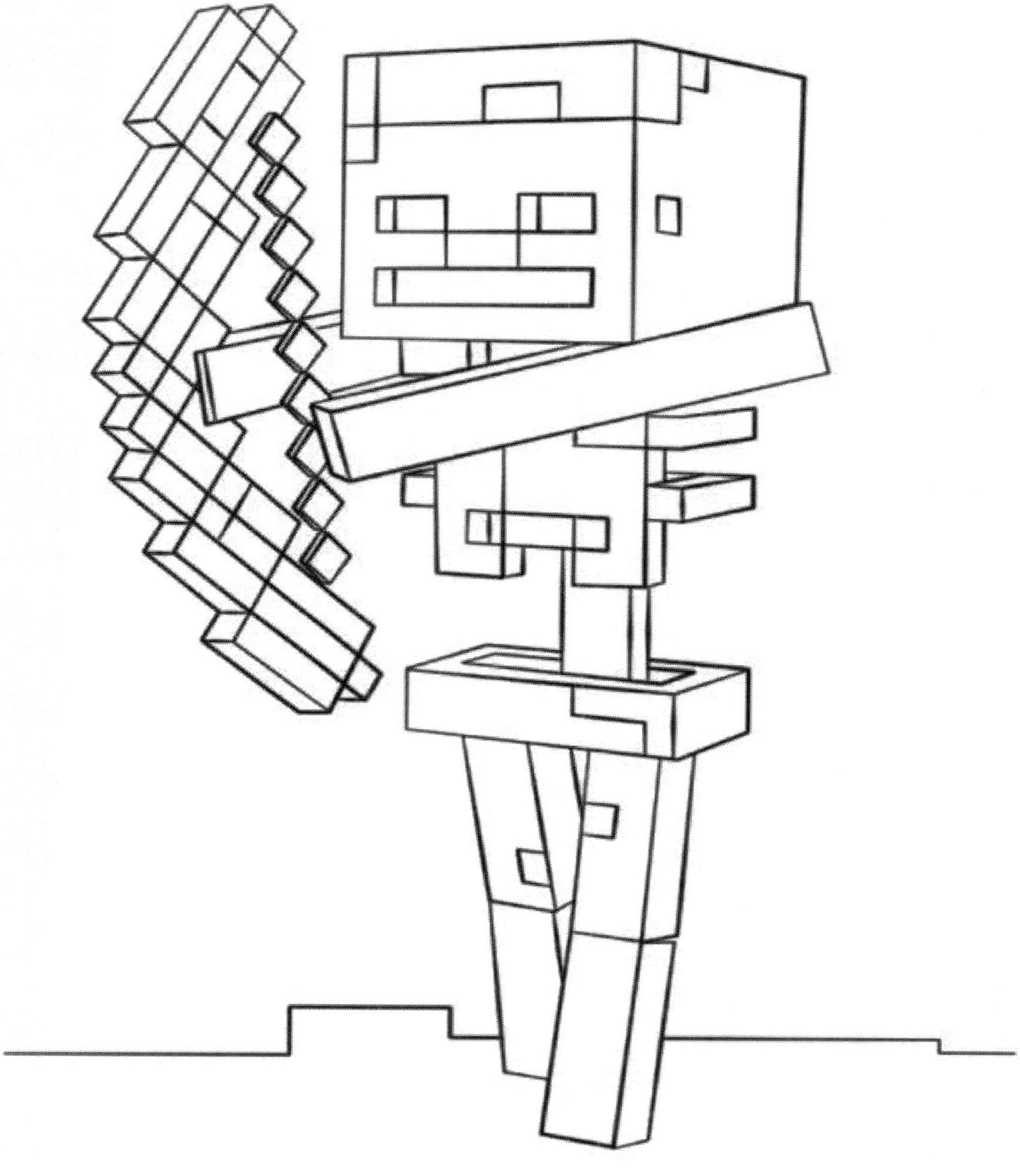

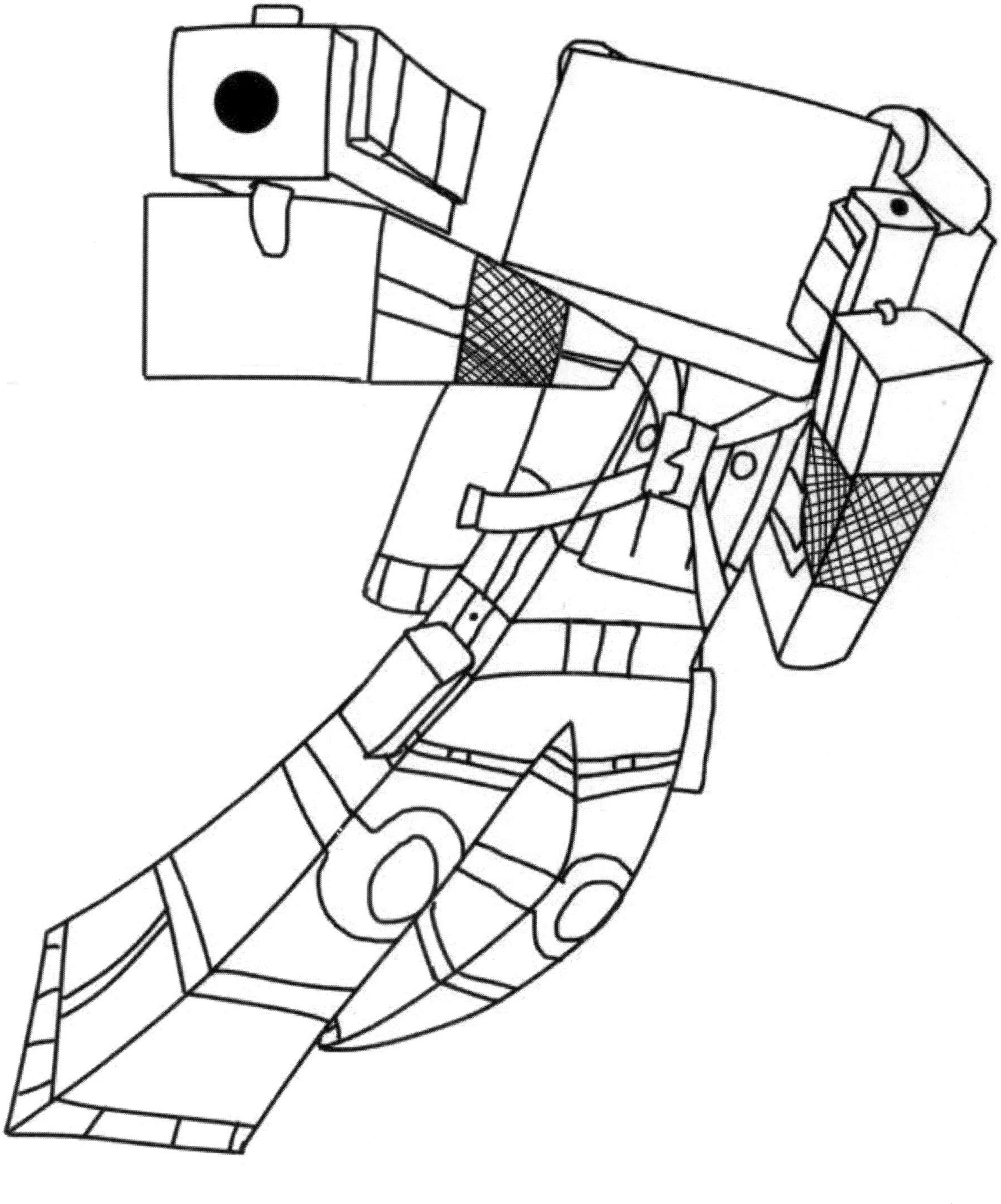

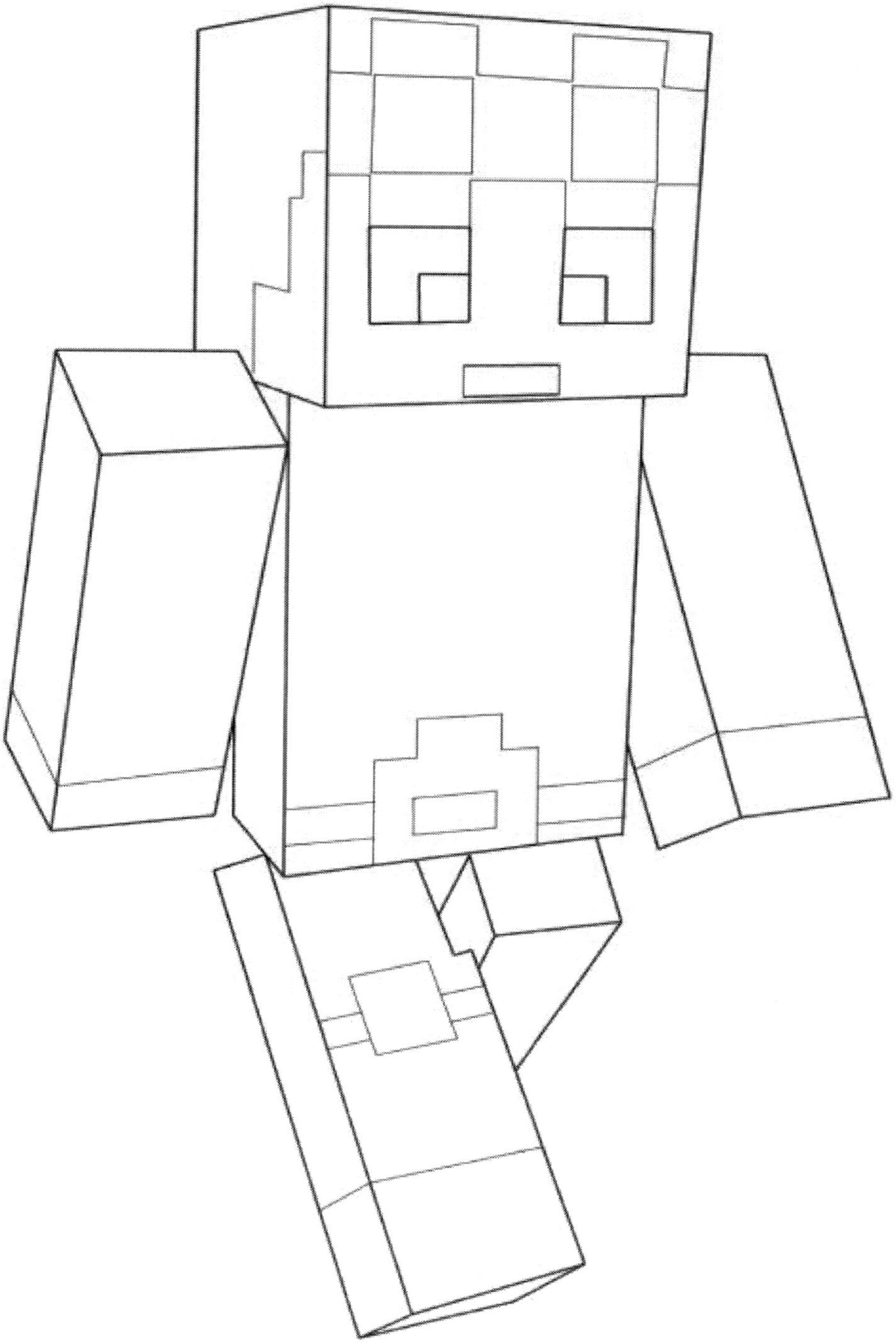

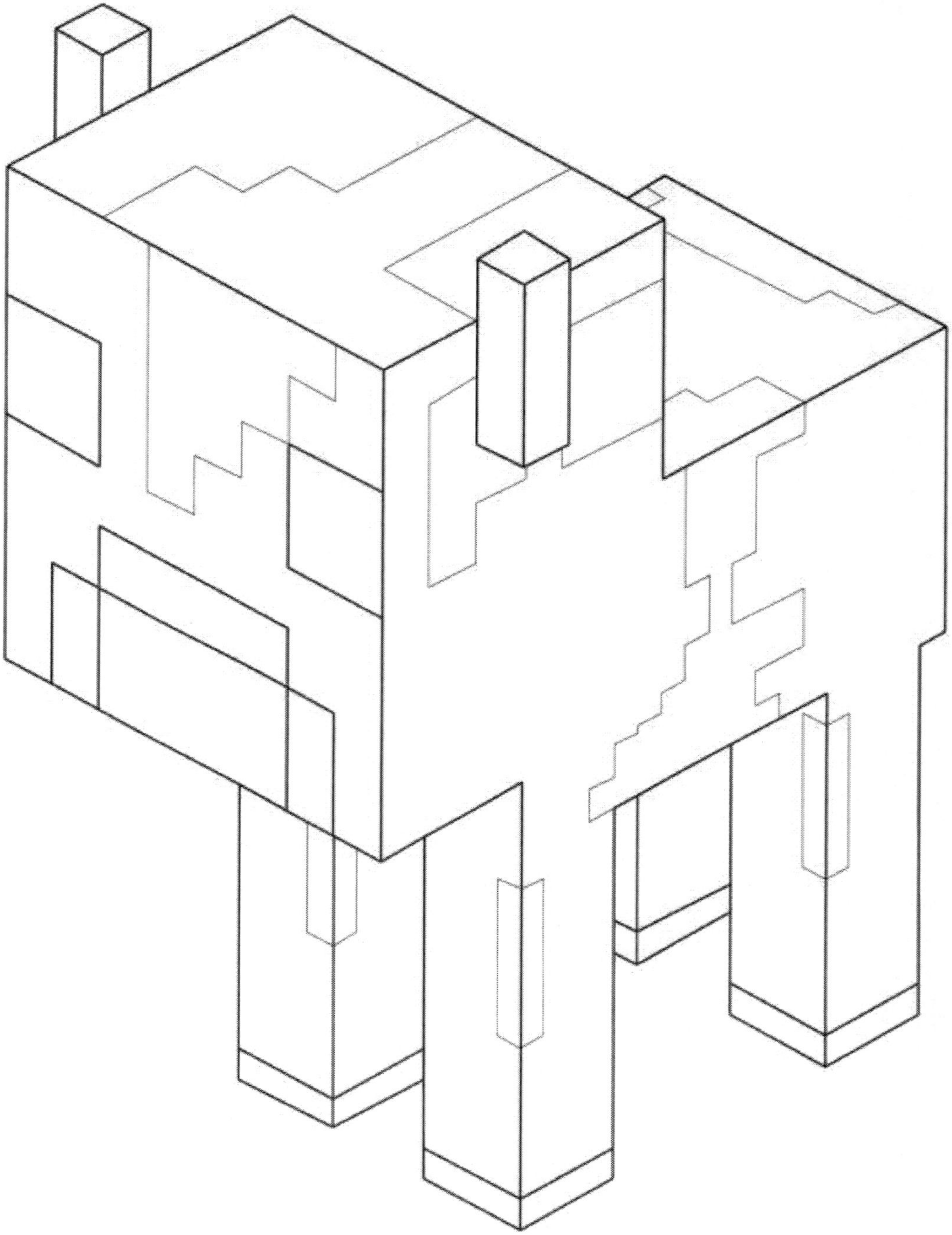

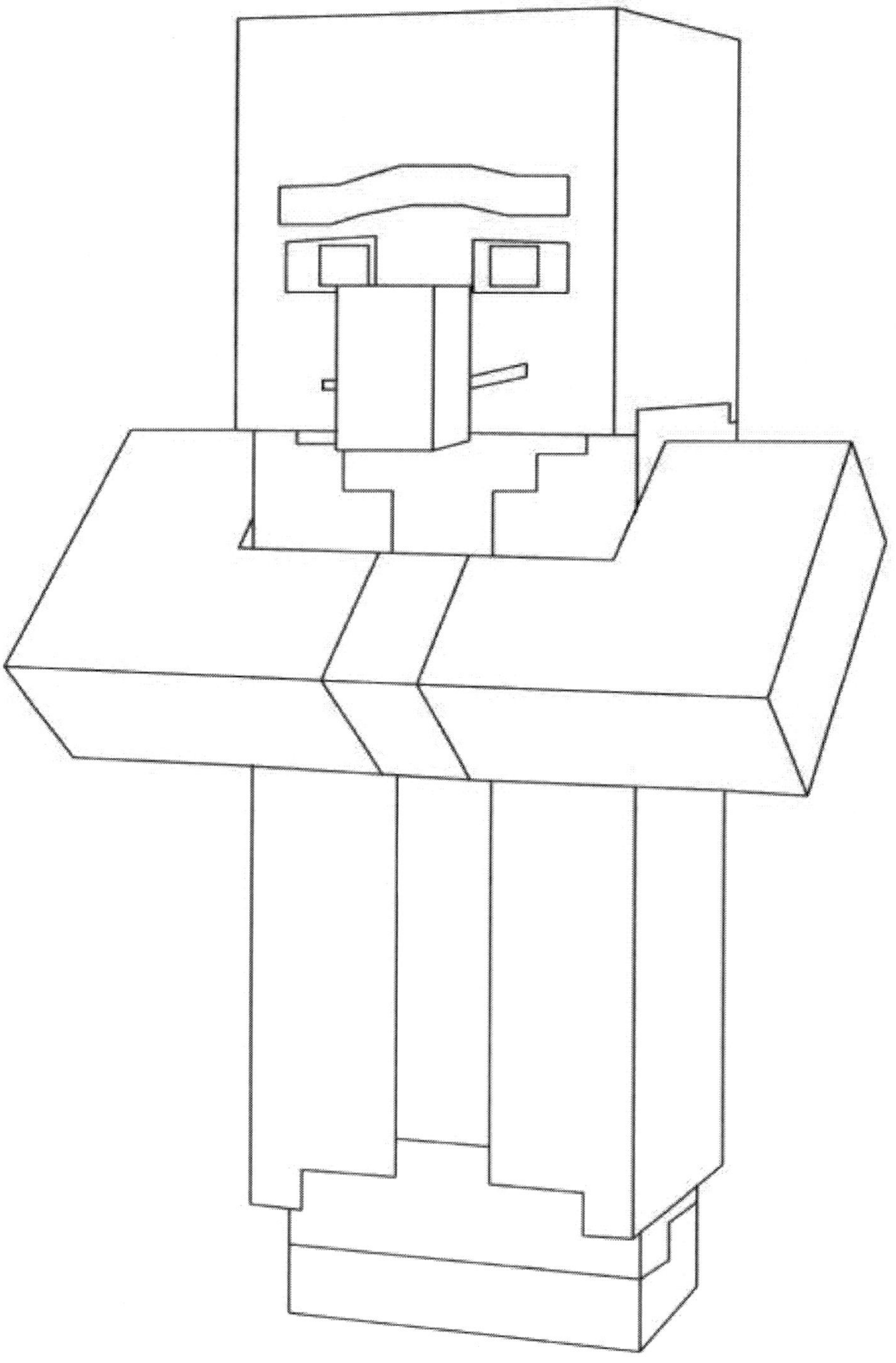

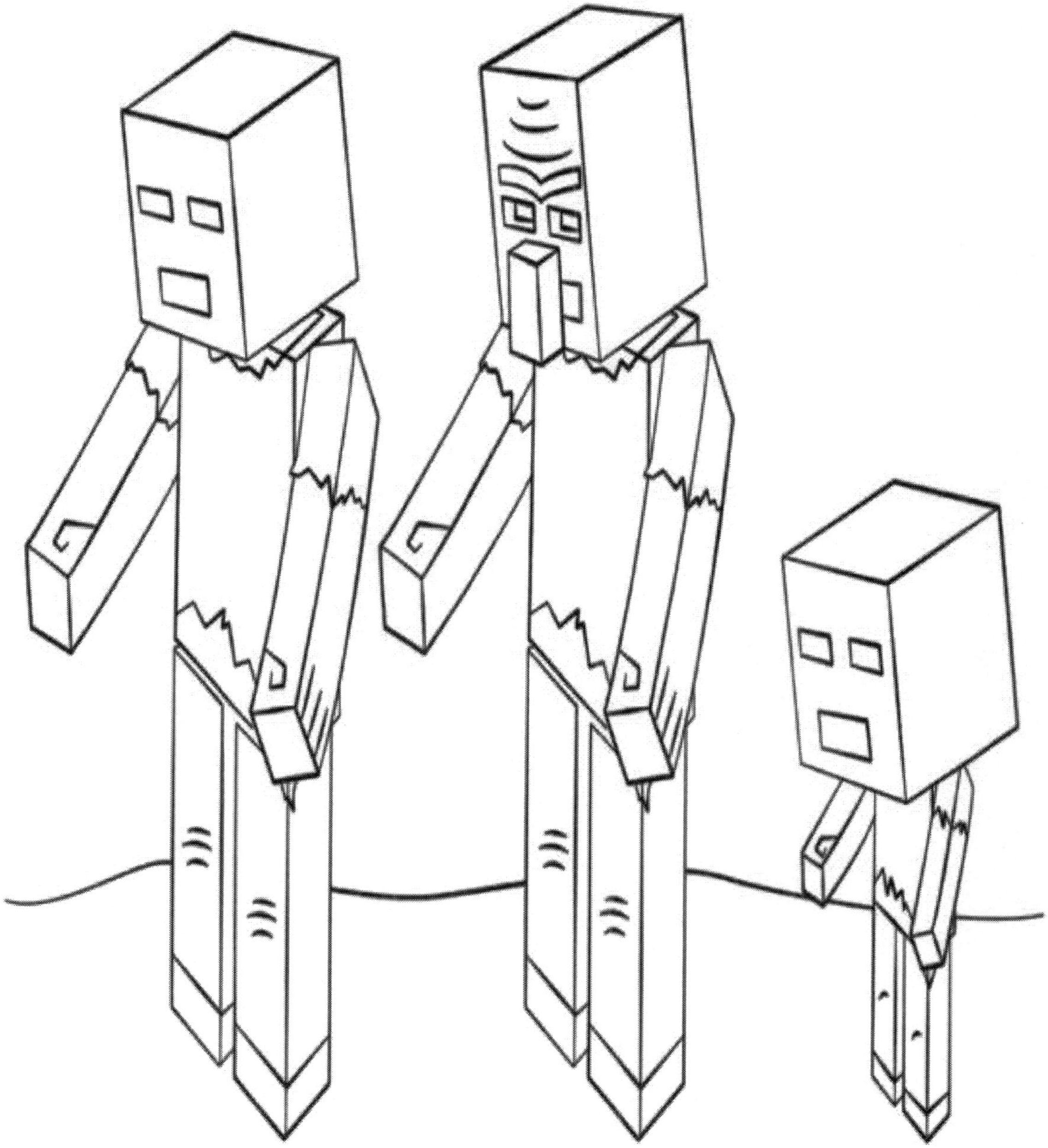

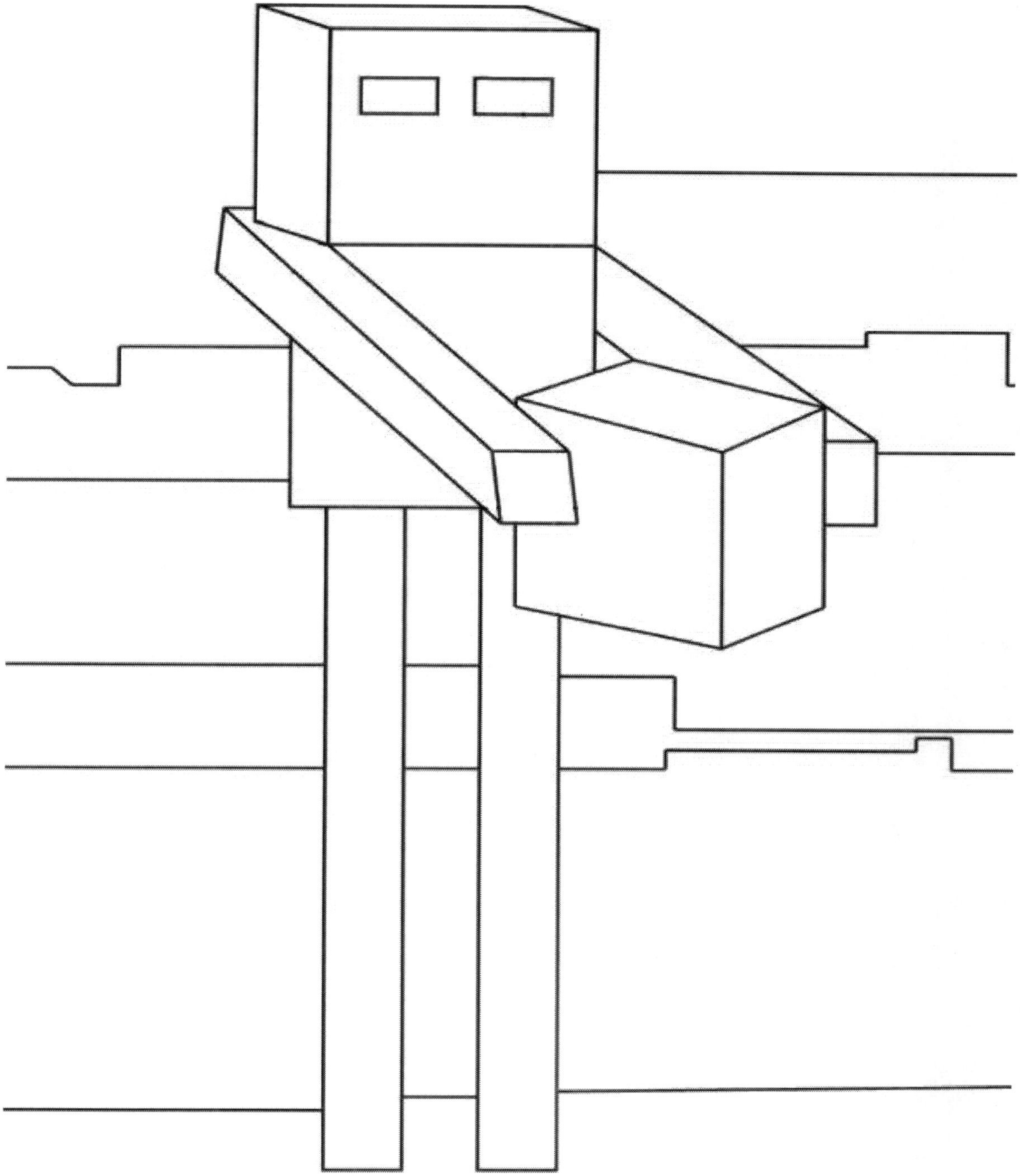

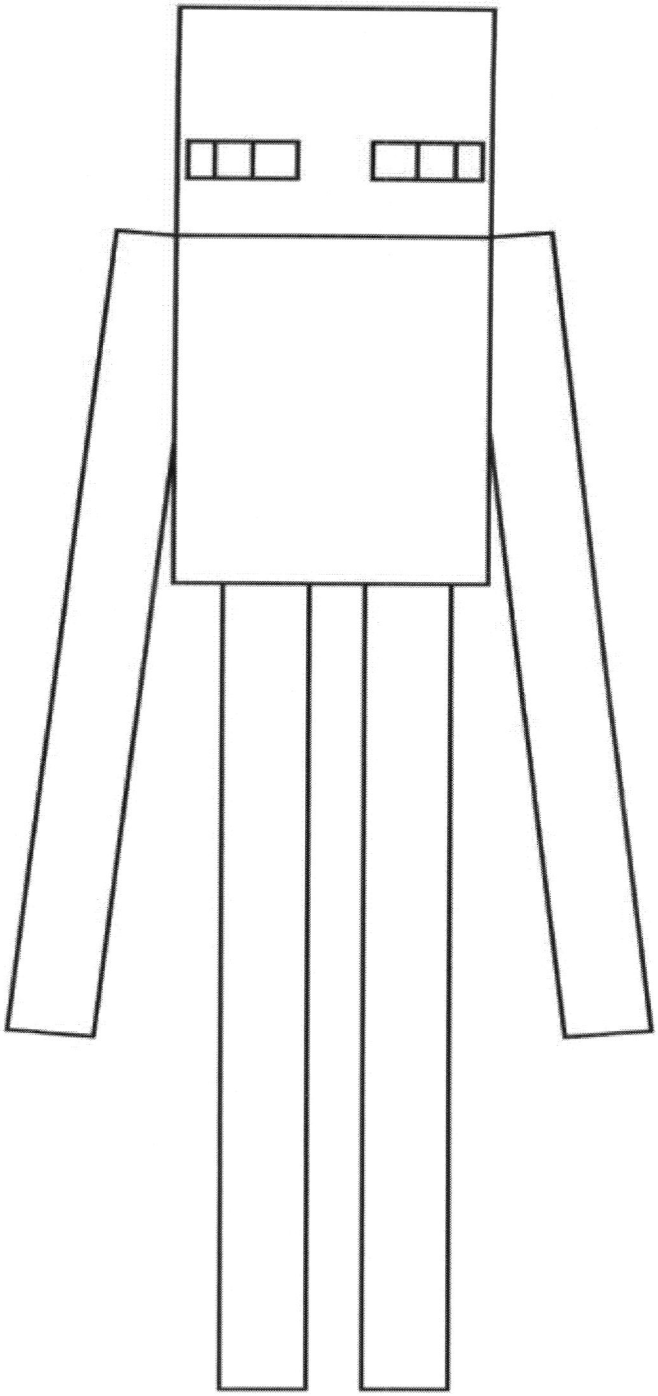

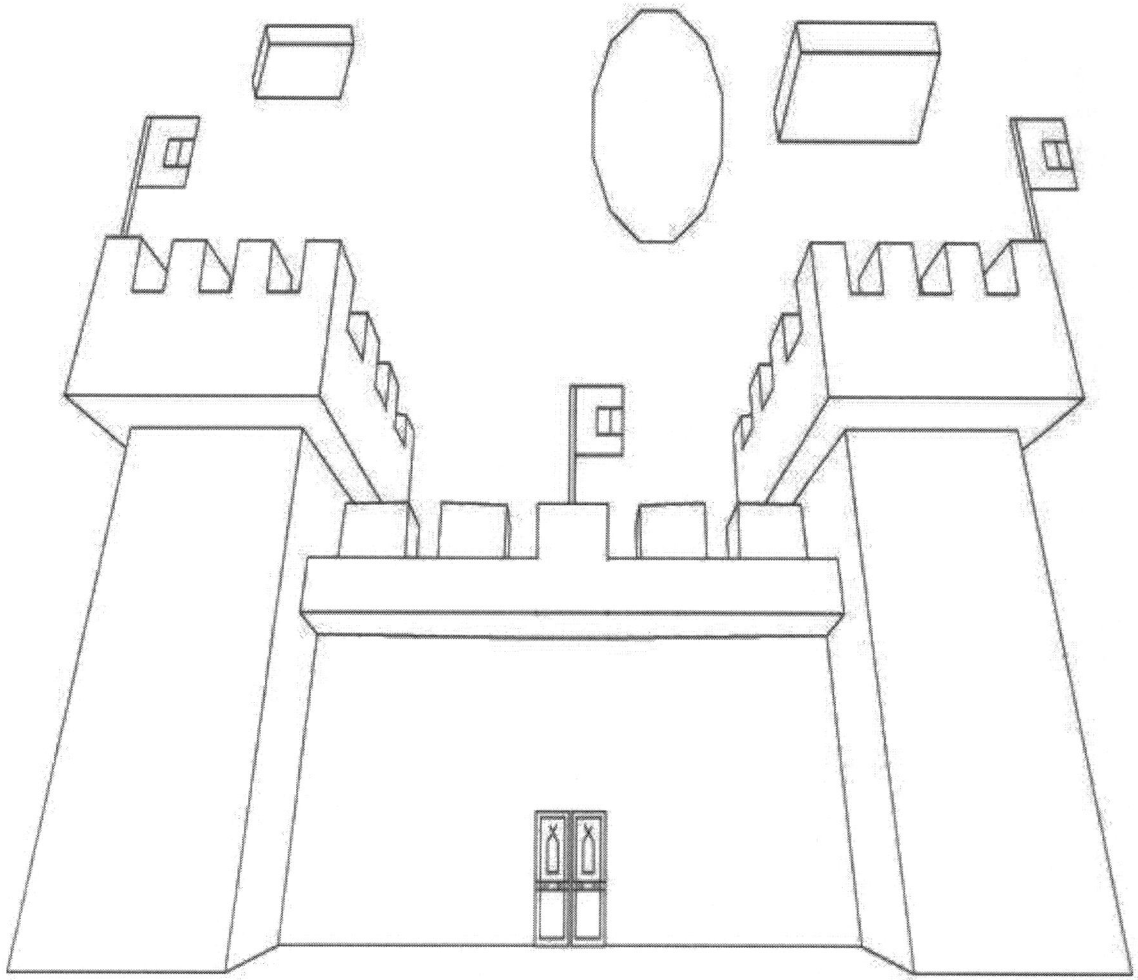

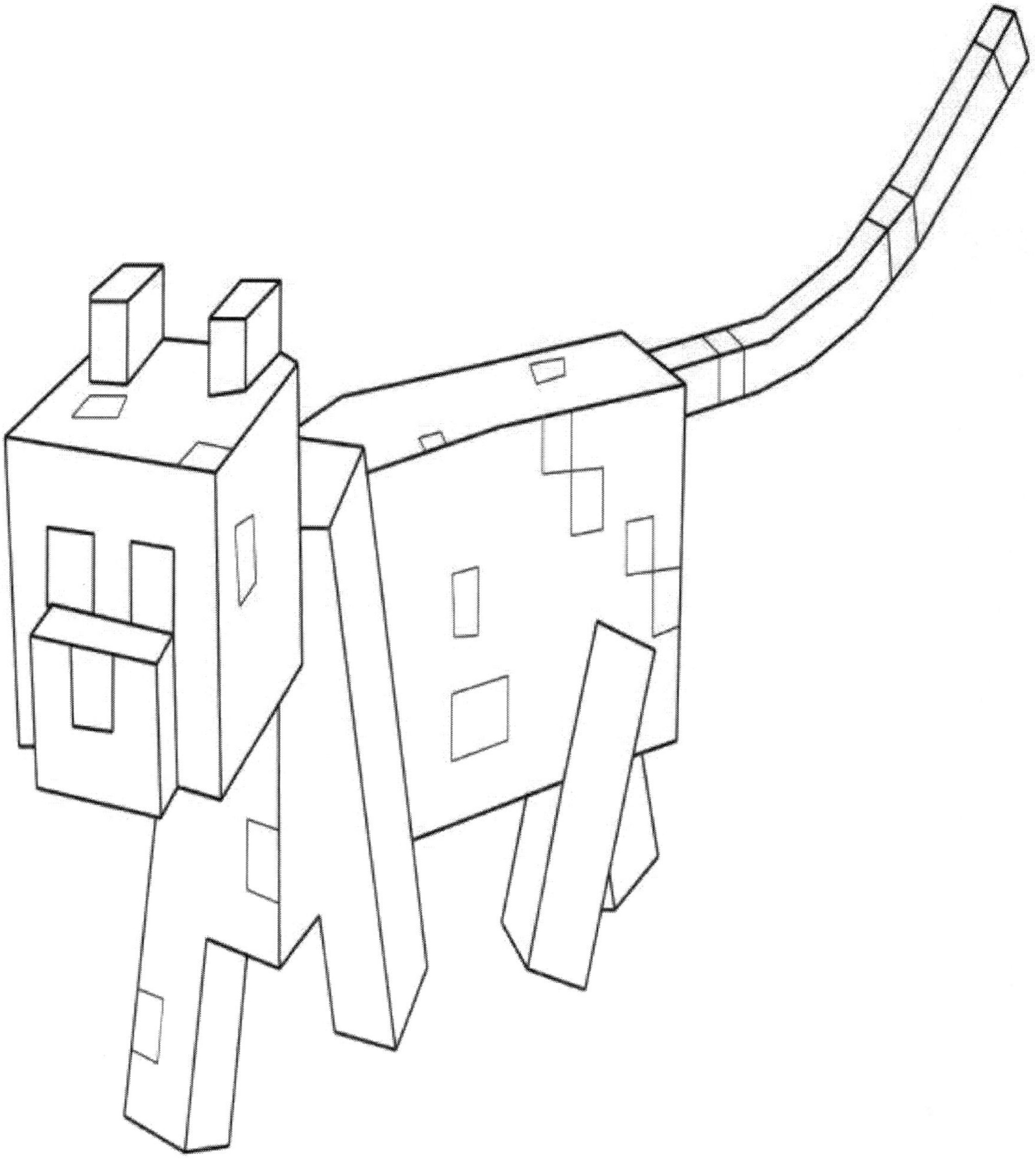

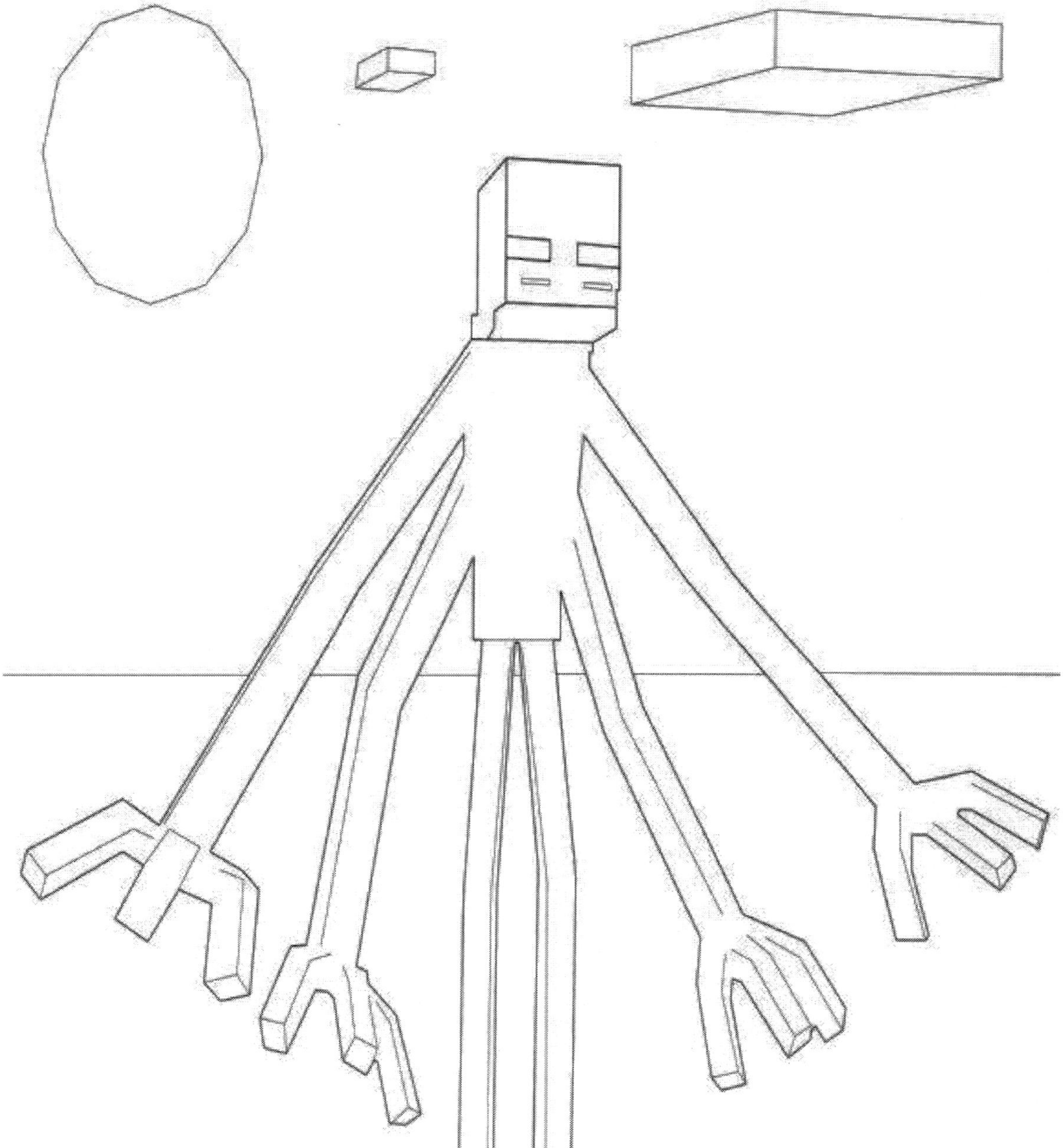

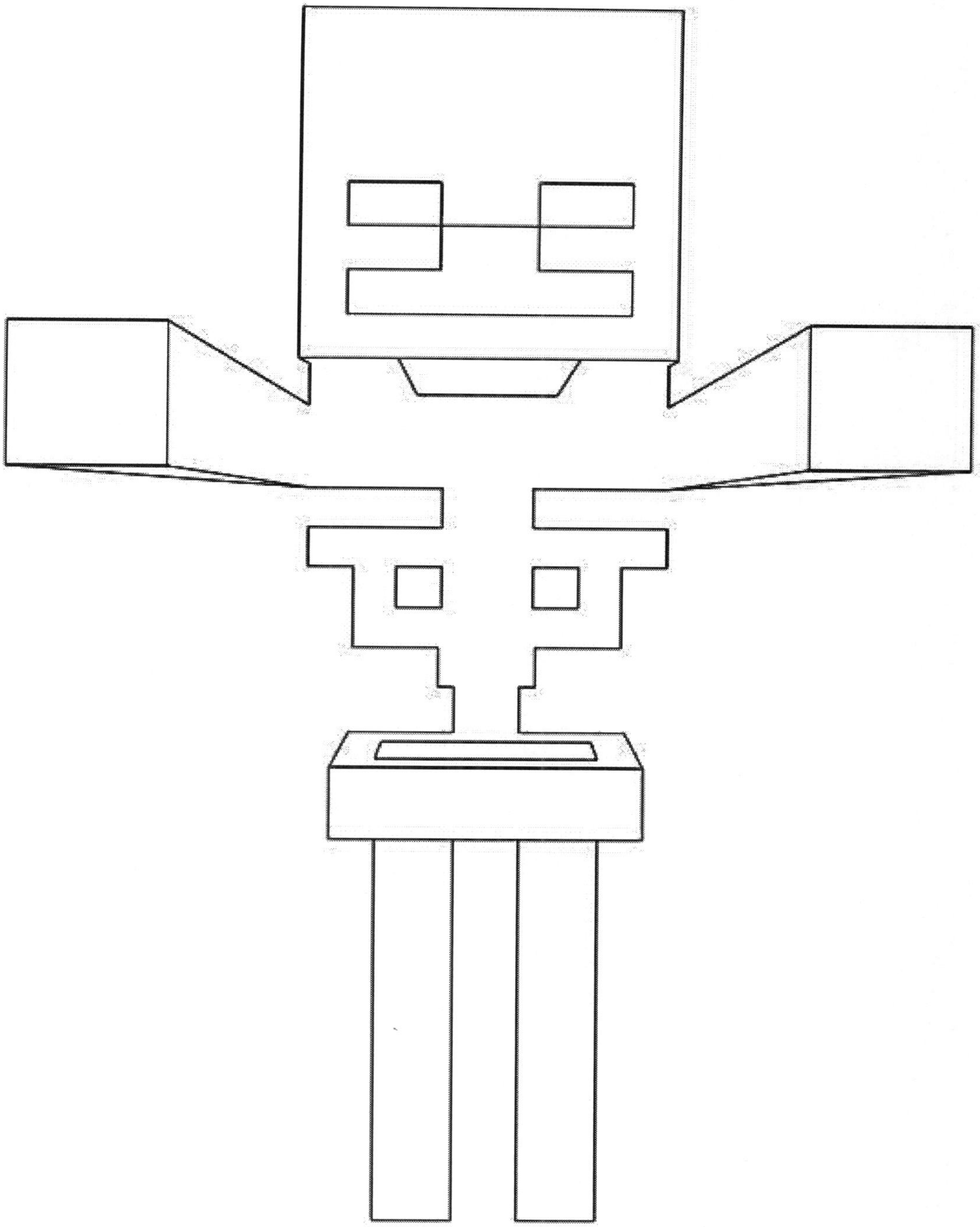

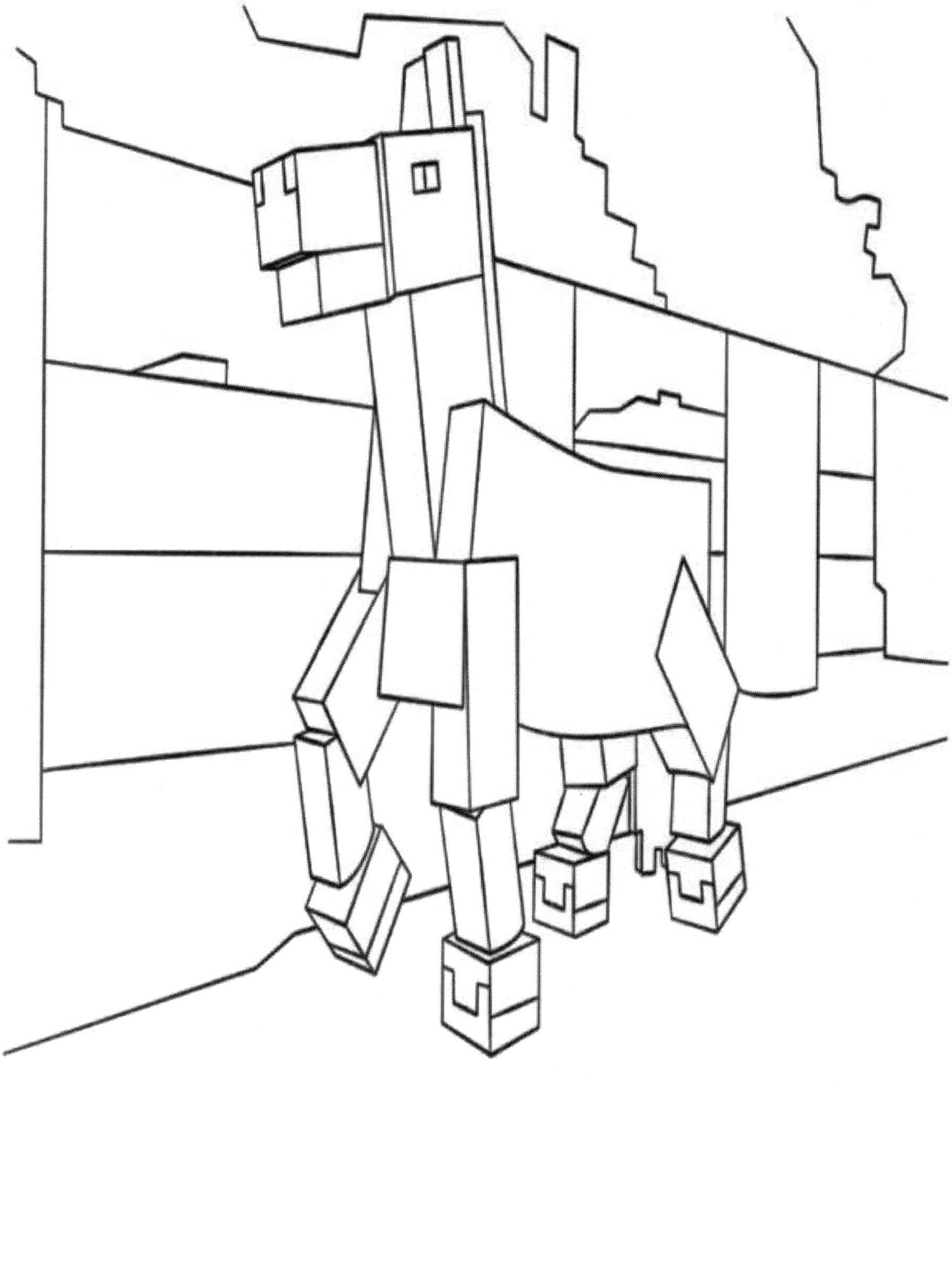

67143687R00046

Made in the USA
Lexington, KY
03 September 2017